HM❂NG
CHILDREN'S BOOKS

www.hmongchildrensbooks.com

First printing edition
November 2019

Softcover Book ISBN 978-1-7342450-3-5

Published by Hmong Children's Books

Hmong ABCs

Xyaum Nyeem Ntawv Hmoob

HM NG
CHILDREN'S BOOKS

Written by Dr. Kha Yang Xiong

The Romanized Popular Alphabet or Hmong RPA

Learning to read in Hmong is a simple process. Each consonant and vowel have only one sound so reading is very predictable. Before learning the sounds of the letters, people need to understand that there are three parts to a Hmong word. The first part of a word is a consonant, then the vowel is in the middle, and last is the tone. The tone is not a sound. Instead, it tells you to say the word with a low or a high pitch.

P   A   J

Consonant   Vowel   Tone

Consonants & Vowels

There are 17 simple consonants called the *father* letters, *tsiaj ntawv txiv.*

C D F H K L M N P Q R S T V X Y Z

There are six simple vowels called the *mother* letters, *tsiaj ntawv niam.*

A E I O U W

There are an additional eight vowel pairs as well.

AI AU AW EE IA OO UA AA

Tones

There are eight **tones** known as *cim*, shown below.

B   M   J   V   D   S   G   -

Tone	Name	Description	Visual
B	Cim Siab	High	↗
M	Cim Niam	Low falling	↘
J	Cim Ntuj	High falling	↘
V	Cim Kuv	Mid rising	↗
D	Cim Tod	Low rising	↩
S	Cim Mus	Low	→
G	Cim Neeg	Breathy	↘
-	Cim Zoo	Neutral	→

Complex Consonant Combinations

There are 43 additional complex consonant combinations of 2-4 letters.

Double	Ch Dh Dl Hl Hm Hn Kh Ml Nc Nk Np Nq Nt Ny Ph Pl Qh Rh Th Ts Tx Xy
Triple	Dlh Hml Hmy Nch Ndl Nkh Nph Npl Nqh Nrh Nth Nts Ntx Plh Tsh Txh
Quadruple	Ndlh Nplh Ntsh Ntxh

Hmong Vowels with Tones

	b	m	j	v	d	s	g	-
a	ab	am	aj	av	ad	as	ag	a
e	eb	em	ej	ev	ed	es	eg	e
i	ib	im	ij	iv	id	is	ig	i
o	ob	om	oj	ov	od	os	og	o
u	ub	um	uj	uv	ud	us	ug	u
w	wb	wm	wj	wv	wd	ws	wg	w
aa	aab	aam	aaj	aav	aad	aas	aag	aa
ai	aib	aim	aij	aiv	aid	ais	aig	ai
au	aub	aum	auj	auv	aud	aus	aug	au
aw	awb	awm	awj	awv	awd	aws	awg	aw
ee	eeb	eem	eej	eev	eed	ees	eeg	ee
ia	iab	iam	iaj	iav	iad	ias	iag	ia
oo	oob	oom	ooj	oov	ood	oos	oog	oo
ua	uab	uam	uaj	uav	uad	uas	uag	ua

Introduction to the
Single Consonants

Xyaum Nyeem Cov Tsiaj Ntawv Txiv

C

PEB CAUG

Txhua txhua xyoo, thaum muab qoob muab loo tas lawm, peb cov Hmoob npaj siab noj peb caug. Cov hluas hnav khaub ncaws Hmoob mus pov pob. Xyoo tshiab yog ib lub sij hawm sawvdaws mus noj tshiab thiab tau ua kev lom zem.

CAB CEM CIJ COV CUD CWS CAIG CAU-

Cov cws noj cab ces peb tsis noj.

D

DIB

Hmoob ua teb cog dib. Cov laus nyiam muab dib kaus ua zaub tsuag.

DAB DEM DIJ DOV DUD DWS DAWG DEE-

Dab laug dig thiab dov cov ncuav nplej dawb.

XIB FWB

Peb Hmoob ib txhia ntseeg Vajtswv. Lawv kawm txog vaj lug kub. Xib fwb yog tus qhia txog Vajtswv cov lus zoo thiab kom hlub yus tsev neeg thiab lwm tus tib neeg.

FAB FEM FIJ FOV FUD FWS FIAG FOO-

Fwj ev ib fij taws los txoj kev fab fab.

HU PLIG

Hmoob ntseeg tias txhua leej txhua tus tib neeg muaj ib tug ntsuj plig. Thaum muaj mob muaj nkeeg ces yus tus plig tsis puab cev. Peb Hmoob thiaj li muab qaib muab qe los hu plig.

HAB HEM HIJ HOV HUD HWS HUAG HAI-

Tus hluas hem kom tsis txhob haus cov dej tsam muaj hiab.

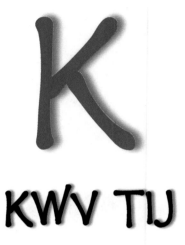

KWV TIJ

Peb Hmoob nyiam thiab ntshaw kwv tij. Yog tias ib tsev neeg twg muaj teeb meem es yog muaj kwv tij coob sib pab ces tso siab thiab tsis ntshai.

KAB KEM KIJ KOV KUD KWS KAUG KAW-

Kab mus kem kom tus kwv txhob kov cov kooj.

LUS HMOOB

Peb cov lus Hmoob muaj yim lub suab. Cov suab ntawv peb hu ua cov cim. Thaum hais lus yuav tau hais cov cim kom yog thiaj li tau taub. Hmoob lees hais lus txawv Hmoob dawb. Cov suab lus txawv me me los tseem tau taub.

LAB LEM LIJ LOV LUD LWS LEEG LIA-

Lawv lam mus lov cov tauj liab.

12

MOV

Mov tseem ceeb tshaj plaws rau Hmoob. Hmoob cog nplej tau ntau txhiab xyoo dhau los lawm. Hmoob noj mov txhua hnub. Thiab Hmoob nyiam muab tuav ua ncuav noj rau xyoo tshiab.

MAB MEM MIJ MOV MUD MWS MOOG MUA-

Maiv ua mov ua mij rau miv noj.

N

UA NEEB

Peb hmoob yeej ua neeb ua yaig tau ntev ntau tiam los. Hmoob ntseeg tau tias muaj tus txiv neeb pab daws tau kev txiab nkeeg thiab ntsuj plig.

NAB NEM NIJ NOV NUD NWS NAIG NAU-

Naghmo nab noj nws tus nas.

PAJ NTAUB

Paj ntaub yog Hmoob teej tug thiab tus qauv qhia tias yog Hmoob tsoos tsho. Hmoob ua paj ntaub tau ntev ntau tiam los lawm. Cov paj ntaub thiab tsoo tsho no qhia tau Hmoob pab pawg thiab qhia tau hom lus lawv hais.

PAB PEM PIJ POV PUD PWS PAWG PEE-

Pog pom Pov pod pob.

QEEJ

Qeej yog ib rab yas suab Hmoob tsim los tshuab ua kev lom zem thiab tshuab ua kev cai.

QAB QEM QIJ QOV QUD QWS QIAG QOO-

Peb tuav qaub xyaw qij qab qab.

ROOB

Hmoob nyiam nyob pem toj siab nrog roob nrog hav.
Hmoob nyiam ua liaj ua teb nyob ywj siab.

RAB REM RIJ ROV RUD RWS RUAG RAI-

Ris rab riam rov qab mus tsev.

S

SUAV

Luag cov kws tshawb fawb hais tias peb Hmoob nyob suav teb tsib txhiab xyoo dhau los. Lawv hais tias peb Hmoob tau ua rog nrog suav thiab suav tau txim txom Hmoob es Hmoob thiaj khiav rau yav qab teb.

SAB SEM SIJ SOV SUD SWS SAUG SAW-

Sawvdaws sawv ntxov mus ua teb es sab sab.

T

UA TEB

Hmoob ib txwm ua teb noj. Hmoob txawj ua teb vim tias ua teb yog Hmoob txoj kev khwv noj khwv haus. Hmoob tuaj nyob Mekas teb chaw los Hmoob tseem nyiam ua teb.

TAB TEM TIJ TOV TUD TWS TEEG TIA-

Tus tij tab tom tev cov txiv taub thaj.

V

VIV NCAUS

Ntxhais Hmoob ntshaw viv ncaus. Muaj ib tug niam laus los niam hluas tau hais lus thiab tau mus kiab mus khw ua ke thiaj lom zem. Thaum muaj kev nyuaj siab thiaj tau nws mloog yus tham thiab txhawb yus lub zog.

VAB VEM VIJ VOV VUD VWS VOOG VUA-

Tus vauv Vwj tuaj qiv lub vab.

XEEM

Peb Hmoob muaj 18 lub xeem. Cov xeem yog cov pab pawg. Ib xeem kwv tij sib hlub sib pab thiaj tsis muaj kev txom nyem.

XAB XEM XIJ XOV XUD XWS XAIG XAU-

Tij laug Xab xa xov mus pem xeev.

YAWG

Yawg yog Hmoob ib tug laus neeg Hmoob saib rau nqi. Yawg yog ib tug neeg muaj hnub nyoog paub ntau yam. Thaum muaj kev nyuaj siab tau sab laj nrog.

YAB YEM YIJ YOV YUD YWS YAWG YEE-

Yus tug yawg yeej yog ib tug neeg zoo.

Z
ZAUB

Hmoob cog ntau yam zaub. Hmoob nyiam cog zaub ntsuab, zaub dawb, zaub iab. Hmoob nyiam muab zaub ntsuab ua zaub qaub. Thiab Hmoob nyiam muab zaub ntsuab hau xyaw nqaij npuas.

ZAB ZEM ZIJ ZOV ZUD ZWS ZIAG ZOO-

Zej zog mus zov txhab nplej kom zoo.

Photo Credits

About the Author

Dr. Kha Yang Xiong was born in a Hmong village in the hills of Laos. At the end of the Vietnam War, her family fled to escape persecution and settled in the refugee camps of Thailand. When she was seven-years-old, her family immigrated to the United States. Currently, Kha is a teacher helping children learn English. She recently received her doctorate degree from the University of Denver with a focus on equity in education. She is passionate about helping children learn about their roots, culture, heritage, and language. Kha is on a journey to make books to teach about the Hmong people.

Made in the USA
Middletown, DE
31 October 2022

13855488R00018